존재와 세계

Being and World

박노혁 시집

> 시는 존재를 여는 언어다.
>
> ―마르틴 하이데거

> 새로운 물리학은 시적인 언어를 필요로 한다.
>
> ―닐스 보어

영시 번역은 인공지능의 도움을 받아 작성하였으며,
저자가 감수하였습니다.

The English poetry translation was assisted by artificial intelligence and reviewed by the author.

시인의 말

    이 시집이 세상에 나오도록 도와주신 문학바탕 곽혜란 대표님을 비롯한 모든 분들께 감사드립니다. 그리고 삶의 여러 길목에서 만났던 나무들과 풀잎들, 세상의 모든 빛을 담고 환하게 맞아 주었던 꽃들과, 바람과 구름, 푸른 빛의 소리를 내며 하늘로 올라가던 이름 모를 새들과, 그리고 하나님께 감사드립니다.

목차

시인의 말   5

1부
의지와 표상 1	18
Will and Representation 1	19
타자의 언어	20
The Language of the Other	21
상징의 기호	22
Symbols and Signs	23
기억과 시간	24
Memory and Time	25
이름의 빛	26
The Light of Names	27
의지와 표상 2	28
Will and Representation 2	29
감각의 프리즘	30
The Prism of Sensation	31
사랑	32
Love	33
상념을 지우려	34
To erase these thoughts	35
현상학적 환원	36
Phenomenological Reduction	38

언어의 숲	40
In the Forest of Language	41
무대 위의 세계	42
World on Stage	43
사랑하지 않는 사람	44
One Who Does Not Love	45
타인의 거처	46
The Dwelling of Others	47
흔적	48
Traces	49
물결	50
Waves	51
세계	52
The World	53
중력과 세계	54
Gravity and the World	55
꿈속의 꿈	56
A Dream Within a Dream	57
두려움	58
Fear	59

2부

관계의 무게	62
When Relationships Break You Down	63
결핍	64
Lack	65
살아간다는 것은	66
What Living Means	67
바다	68
Sea	69
존재 내 세계	70
Existence, My World	71
세계의 충돌	72
Collision of Worlds	73
우주 속 우주	74
Universe Within Universe	75
봄날 아침에	76
Spring Morning	77
혼자	78
Alone	79
가상의 실재	80
Virtual Reality	81
나와 세계	82
Self and World	83

은혜	84
Grace	85
당신의 평안	86
Your Peace	87
찬란한 봄	88
Brilliant Spring	89
데이터의 세계	90
World of Data	91
얽힘	92
Entanglement	93
가공된 세계	94
Processed World	95
눈빛	96
Gaze	97
시공간의 바다	98
Ocean of Space-Time	99
의지와 표상 3	100
Will and Representation 3	101
별과 별 사이	102
Between Stars	103

3부

고정된 것은 실재하지 않는다	106
Nothing Fixed Is Real	107
노화	108
Aging	109
흰 눈	110
White Snow	111
비인 하루	112
Empty Day	113
겨울 숲 속길	114
Winter Forest Path	115
착각	116
Illusion	117
거울 속 타자	118
The Other in the Mirror	120
물집	122
Blister	123
인식 후 세계	124
World After Recognition	125
진심 없는 날들	126
Insincere Days	127
의지와 존재성	128
Will and Existence	129

언어 밖의 세계	130
World Beyond Language	131
뇌와 세계	132
Brain and World	133
빛의 흔적	134
Traces of Light	135
착각의 세계	136
World of Illusion	137
고립	138
Isolation	139
뇌	140
1.4kg Universe	141
마음	142
Mind	143
사랑	144
Love	145
마음의 창	146
Window of the Heart	147
바람이 되다	148
Becoming Wind	149
생각의 감옥	150
Prison of Thoughts	151

4부

어항 속의 열대어	154
Tropical Fish in an Aquarium	155
그대와 나	156
You and I	157
자기만의 별	158
Each Person's Own Star	159
언어의 알고리듬	160
The Algorithm of Language	161
슬픈 행성	162
Sad Planets	163
의식의 빛	164
Light of Consciousness	165
존재 그리고 세계	166
Being and World	167
존재의 빛	168
Light of Being	169
상징의 기호 2	170
Symbols and Signs 2	171
중력	172
Gravity	173
의지의 총체	174
The Totality of Will	175

언어 너머	176
Beyond Language	177
의지와 세계	178
Will and world	180
의지와 반의지	182
Will and Counter-Will	183
타자의 출현	184
The Emergence of the Other	185
자아	186
The Self as Prison	187
기억의 무늬	188
Memory's patterns	189
한 방울 기억	190
A Drop of Memory	191
기억의 공백	192
Void of Memory	193
존재와 세계	194
Being and World	195
기억의 순환	196
Circulation of Memory	197
에필로그	198

존재와 세계

박노혁 시집

Caspar David Friedrich 〈Der Wanderer über dem Nebelmeer〉(1818)
카스파르 다비트 프리드리히 〈안개 바다 위의 방랑자〉

존재와 세계의 "열림(開顯)"을 마주한 인간의 고독한 응시.
하이데거가 말한 "세계-내-존재"로서, 존재와 세계의 상호 조명성을 시각화한 대표작.

1부

의지와 표상 1

시공간의 바다에 파도가 이는 순간은
내가 욕망하는 순간이다.

나는 심연으로 침잠하며
현재로부터 유배된다.

왜곡된 현재
나비가 되지 못하고 낙하하는
나의 언어들

흐르지 않는 시간과
굴절된 공간
사물들은 비틀어지고
빛은 더 이상 속삭이지 않는다.

욕망의 중력이
시공간을 비틀고 지나가면

내가 사는 세상은 빛이 사라지고,
빛깔들로 가득 찬다.

Will and Representation 1

The moment waves rise
in the ocean of space and time
is the moment I desire.

I sink into the abyss,
exiled from the present.

Distorted present.
My words falling,
never becoming butterflies.

Time that does not flow
and refracted space—
things twist out of shape.
Light no longer whispers.

When the gravity of desire
warps space-time and passes through.

The world I inhabit loses its light,
fills with colors.

타자의 언어

당신이 하는 말들이
펄 펄펄 힘 빠진 나뭇잎처럼, 흩어져 날린다.

우리는 언제부터,
자신의 언어를 잃어버리고 살았을까.

나는 내 마음의 샘에서
흘러나온 온기 어린 말들을 추억처럼 기억한다.

나의 언어는
타자의 언어로 잊혀지고
타자의 언어는 나의 말처럼 너에게 말하고 있다.

점령되어 버린 식민지의 언어처럼
내가 하고 싶은 말들은 숲속으로 사라지고
나에게 주입된 타자의 언어가 내 대신 말하고 있다.

The Language of the Other

Your words scatter and drift
like limp leaves, flutter flutter fluttering,
drained of strength.
When did we begin to live
having lost our own language?

I remember like a memory
the warm words that flowed
from the spring of my heart.
My language is forgotten
by the language of the other.
The language of the other
speaks to you
as if it were my words.

Like the language
of a conquered colony.

The words I want to say disappear into the forest.
The other's language, injected into me,
speaks in my place.

상징의 기호

상징의 기호가 감각의 단층을 만든다.

그 굴곡들 속에서
나의 세계는 여울진다.

현란하게 마음속에 뿌려지는 감각의 색깔들
아프고, 슬프고, 아득한 것들
그리고, 지울 수 없이 빛나는 것들

언어가 만든 세계 속에서
상징의 기둥을 운명처럼
맴돌고 있는 사람들의 머리 위로
정오의 태양이 빛나고 있다.

Symbols and Signs

Symbols and signs
create fault lines in sensation.

In those contours
my world grows turbulent.

Colors of sensation scattered
brilliantly across the mind.
Things painful, sorrowful, distant.
And things that shine
undeniably bright.

In the world language has made,
above the heads of people
circling the pillars of symbols
like fate—
the midday sun shines.

기억과 시간

기억이 없다면
시간은 흐르지 않는다.

기억의 지층에 난 흔적들에
감정의 단층이 생겨
나는 늘 그곳에 있는 공기와 햇살을
온몸으로 느낀다.

기억이 없다면
공간은 존재하지 않는다.

기억은
시공간의 바다에 좌표를 만들고
하나였던 모든 것을 미세하게 분리한다.

기억이 만든 세계에 갇힌 사람들 머리 위로
세계 밖의 푸른 바람이 한 점
휘 불어 왔다.

Memory and Time

Without memory, time does not flow.
In the traces etched
into memory's strata,
fault lines of emotion emerge—
I feel with my whole body
the air and sunlight
that are always there.

Without memory, space does not exist.
Memory creates coordinates
in the ocean of space-time,
delicately separating
all that was once one.
Above the heads of people
trapped in the world memory made,
a blue wind from beyond the world
swept in for a moment.

이름의 빛

이름을 가진 모든 것들은
이어져 있다.

이음 속에서 이름은 빛을 발하고
이름을 가진 서로를 비추고 있다.

아무도 불러주지 않는 이름은
빛을 잃은 잎처럼 시들어가고
마침내 관계의 중력을 벗어나,
빛이 가 닿지 않는 세계로 사라져갈지 모른다.

이어지지 않는 것들은
세계 속에 존재하지 않는다.

그 이음을 이어가기 위해
우리는 이름으로 끝까지 남아야 한다.

이 깜깜한 우주 속
서로를 지키는 불꽃으로
눈물이 나도록 서로를 바라보아야 한다.

The Light of Names

All things that have names
are connected.

In that connection names emit light,
illuminating each other—
those that have names.

A name no one calls
withers like a leaf that has lost its light.
At last it may escape
the gravity of relationships,
vanishing into a world where light cannot reach.

Things that are not connected
do not exist within the world.

To keep that connection alive,
we must remain as names until the end.

In this dark universe,
as flames that protect each other, we must look at
one another until tears come.

의지와 표상 2

아마도 나는 나의 마음을 여행하고 있는지 모른다.
마음의 경계에 서서
마음속에 있었던 나를 보면
나는 마음의 일부였다.

감각이 세계를 만들고, 그 세계가 만드는 수많은 단층과 빛깔들 속에서
나의 심장과 근육은 날마다 예민하게 반응했다.

마음속 이름들이 모두 이어져 있음으로 인해
잇지 못한 것은 존재하지 않았다.
모두가 하나의 물결처럼 서로 반응하고, 움직이는
세계

나의 의지가 투영되지 않는 것이 나의 세계에 존재할 수 있을까.
내가 보는 나의 세계가 나일 수 있을까?

나는 대답을 얻을 수 없는 질문을 하며
햇살 가득한 숲 속 오솔길에 나무처럼 서 있다.

Will and Representation 2

Perhaps I am traveling through my own mind.
Standing at the border of my mind,
when I see myself
who was inside my mind,
I was part of my mind.

Sensation creates the world, and within the countless fault lines and colors that world creates, my heart and muscles responded sensitively each day.

Because all the names in my mind were connected to each other, what could not be connected did not exist. A world where everything reacts and moves like a single wave.

Can anything exist in my world
that my will is not projected onto?
Can the world I see that is mine, be me?

Asking questions I cannot find answers to, I stand like a tree on a path in the forest full of sunlight.

감각의 프리즘

몸은 감각한다.
침묵하는 세계 속에서

현란한 빛깔을 만드는 세포들은
굴곡진 유리알처럼 온몸으로 세계에 반응한다.

감각의 프리즘이 빚어낸 환각의 세계 속에
꿈꾸듯 유영하는 사람들

아무것도 말하지 않는 깜깜한 우주 속에
무성한 언어의 불꽃들이 날마다
피어나는 곳
사람들은 꿈속의 꿈을 향해
꿈꾸듯 걸어가고 있는지 모른다.

The Prism of Sensation

The body senses.
In a world that stays silent.
Cells that create brilliant colors
respond to the world with the whole body
like curved glass beads.

People swimming dreamlike
in the world of hallucination
crafted by the prism of sensation.

In the dark universe
that says nothing,
lush flames of language
bloom every day—
a place where
people may be walking dreamlike
toward the dream within a dream.

사랑

당신이 있는 시공간에 곡률이 생겨
내 마음이 나도 모르게 당신에게 흘러갑니다.
내 마음이 가는 길을 따라 나도 당신 주변을 자꾸
서성입니다.

눈을 감아도 입을 닫고 가만히
아무도 없는 숲속에 홀로 서 보아도
당신이 있는 자리가 느껴집니다.
당신의 자리가 보내오는 작은 물결이
내게 와서 큰 파도가 됩니다.

당신이 있는 시공간을
맴돌던 나의 마음은
시간을 잃고, 방향을 잃고 당신의 중심을 향해
흘러 갑니다.

공간이 사라지고 빛나는 한 점만이 남습니다.

Love

Your presence creates curvature in space-time,
and my heart flows toward you
without my knowing.
Following the path my heart takes,
I keep wandering around you.

Even when I close my eyes,
shut my mouth, and stand still
alone in an empty forest,
I can feel where you are.
The small waves sent
from your place
reach me and become great tides.

My heart that had been
orbiting the space-time
where you exist
loses time, loses direction,
and flows toward your center.

Space disappears
and only one shining point remains.

상념을 지우려

상념을 지우려
산을 오른다.

그러나
걷잡을 수 없는 생각들이
샘물처럼 솟아오르고
나는 어느새 생각의 집에 갇혀
안개 낀 숲속 길을 떠다니고 있었다.

나에게는 두 갈래의 길이
앞에 있었다.

생각의 불길을 따라
움직이는 배우가 되든지
생각을
스치는 일상의 배경으로 바라보는 관객이 되든지

나는 관객의 길을 선택했고,
내가 가지 않은 길은 숲속으로 사라졌다.

존재의 빛은 세계를 비춘다.
반사된 세계는 존재를 비춘다.

To erase these thoughts

To Erase These Thoughts,
I Climb the Mountain.

But. Unstoppable thoughts
spring up like water from a well
and before I know it I am trapped
in the house of thoughts,
drifting on a misty forest path.

Two paths lay
before me.

To become an actor
moving along the flames of thought
or to become an audience watching thought
as the passing backdrop of daily life.

I chose the path of the audience, and the road I
did not take disappeared into the forest.

The light of being illuminates the world.
The reflected world illuminates being.

현상학적 환원

길거리를 걷다가
문득 나타난 간판을 보다가
인터넷을 하다가
갑자기 튀어 오른 글씨를 보다가

나는 갑자기 먹통이 된다.
의식의 빛은 오래된 전구처럼 어두워지고
내가 서 있는 시공간은 굴곡지며
보편의 세계로부터 단절된다.

감각은 조율되지 않은 악기처럼 위태롭게
물결치기 시작하고, 견고했던 나의 세계는
다시 낯설어진다.

내 속에 이미 설정된
의식의 기본값이
허용할 수 없는 상징을 만나 광폭한 굉음을
내는 나의 시간은 아프다.

해체.
내 속에 설정된 모든 값을 지우고
투명하게 세계를, 그리고 모든 순간들을

온전히 받아들이는 존재가 되기를 소망하며

정오의 태양 아래 가만히 서 있다.

Phenomenological Reduction

Walking down the street
suddenly seeing a sign that appears,
surfing the internet
suddenly seeing words that pop up—

I suddenly become speechless.
The light of consciousness dims like an old bulb,
the space-time where I stand becomes warped
and disconnected from the universal world.

Senses begin to waver precariously
like untuned instruments,
and my once-solid world
becomes strange again.

The default settings of consciousness
already established within me
encounter symbols it cannot permit—
my time, making wild thunderous sounds, aches.

Deconstruction.
Erasing all values set within me,

hoping to become a being
that transparently accepts the world
and all moments completely.

Standing still under the midday sun…

언어의 숲

언어의 숲속에서
떨어지는 비를 맞다.

잎들이 무성해질수록 숲은 어두워지고.
하늘은 멀어졌다.

동굴이 되어 버린 숲
갇혀버린 사람들

언어의 나무는 끊임없이 가지를 치고
하늘을 향해 무성한 잎을 맺는다.
그 아래서
사람들은 빛 가득한 하늘을
망각해 버렸다.

언어는 거미줄처럼 엉키어
서로를 지탱하고,
그 위로 가벼운 햇살이 내려앉는다.

언어의 숲속에서 이름을 얻은
존재들에게 언어는 호흡이 된다.

In the Forest of Language

In the forest of language,
catching the falling rain.

As leaves grow thick, the forest darkens.
The sky recedes.

A forest turned into a cave.
People trapped within.

The trees of language endlessly branch,
bearing lush leaves toward the sky.
Beneath them,
people have forgotten the light-filled heavens.

Language tangles like spider webs,
supporting one another,
and gentle sunlight settles
upon them.

To those who found their names
in the forest of language—
language becomes their breath.

무대 위의 세계

무대 위에 서면 우리는
찬란한 꽃도 되고 나비도 됩니다.

무대 위에 서면 우리는
너가 되고 나가 되고 그대가 됩니다.

빛이 프리즘을 통과하여 온갖 빛깔의 옷을 입듯이
무대 위에 서면 우리는
서로 다른 상징의 기호에 동기화되어 살아갑니다.

무대 밖으로 난 작은 틈을 따라
빛의 길을 따라가면

빛깔들이 사라지고
경계 없는 빛만 가득 남습니다.

World on Stage

When we stand on stage, we
become brilliant flowers and butterflies.

When we stand on stage, we
become you and I and thou.

Just as light passes through a prism
and wears clothes of every color,
when we stand on stage, we
live synchronized to different symbolic signs.

Following the small gap leading outside the stage,
following the path of light,

the colors disappear
and only boundless light remains full.

사랑하지 않는 사람

사랑하지 않는 사람의
세상은
회색빛이다.

감정의 단층들이 낮아지고
마음의 온도도 가을과 겨울의 경계선에서 오락가락한다.

사랑이 사라진 거리에
사람의 시선은 공허하다.

고장 난 가로등과 갈 길 잃은 강아지
빈 계단에 널브러진 낙엽들만
시선에 걸리고

불 꺼진 집으로 향하는 길에
늦은 석양의 붉은 입술이
외로운 이마를 스친다.

One Who Does Not Love

The world of one who does not love
is gray.

The strata of emotions grow shallow
and the heart's temperature wavers
at the borderline between autumn and winter.

On streets where love has vanished,
human gazes are hollow.

A broken streetlight and a lost puppy,
only scattered fallen leaves
on empty stairs
catch the eye.

On the path toward a house with lights out,
the red lips of late sunset
brush against a lonely forehead.

타인의 거처

내 안에 타인이 많으면
내가 있을 곳이 없어진다.

원형 감옥의 불빛처럼
나를 바라보는 시선들이
나를 끊임없이 비춘다고 느낄 때

나는 깃발처럼
과거의 한 점에 남는다.

타인은
나의 부서진 파편일 뿐
나와 다른 그림자를 가지지 않는다.

The Dwelling of Others

When there are too many others within me,
there is no place left for myself.
Like the light of a panopticon.

When I feel that the gazes watching me
continuously illuminate me,
I remain like a flag
at a single point in the past.

Others are merely my shattered fragments.
They do not possess shadows
different from mine.

흔적

나는 나의 흔적을
나라고 말하지 않는다.

우리가 기억하는 모든 것은
실재하는 것이 아니다.

그것은 빛이 지나고 남은
빛깔의 흔적일 뿐
실재는 이미 빛의 속도로 멀어지고 있다.

우리가 사는 세상은
빛이 남겨놓은
흔적들에 대한 기억과
포착되어 지지 않는 실재에 대한 그리움의 바다

빛의 속도로 사라지는
너, 그리고
내 안에 오롯이 남은 너의 흔적들

나는 너의 흔적을
너라고 말하지 않는다.

Traces

I do not call my traces
myself.

Everything we remember
is not what truly exists.

It is only the trace of color
left after light has passed—
reality is already receding at the speed of light.

The world we live in
is a sea of longing for memory of traces
left by light
and for reality that cannot be captured.

You, disappearing
at the speed of light. And
your traces remaining
wholly within me.

I do not call your traces
you.

물결

바람과 햇살이 만드는
4월, 안산 자락길에
눈에 보이는 것들만 아름다운 것은 아니다.
형상과 형상 간의 가늘게 흔들리는 물결을 나는 느낀다.

형상들이 머금은 눈부신 빛깔은 빛이 머물고 간
흔적, 너도 나도 빛이 지나고 남겨진 흔적들이다.

함께 어우러진 생명의 바다
잔잔한 물결이
숨이 붙어 있는 모든 생명에게
가 닿기를……

Waves

Created by wind and sunlight,
April, on the Ansan trail—
not only what meets the eye is beautiful.
I feel the finely trembling waves
between form and form.

The dazzling hues that forms hold
are traces where light lingered and passed.
You and I too are traces
left behind after light has passed.

The sea of life
harmonized together.
May gentle waves
reach all living beings
that still draw breath······

세계

세계는 내가 취할 수 있는 모든 확률들이 서로 다른 시간대에
정립적으로 포착된 형상들로 구현된 것은 아닐까.

관찰자만 현존하며, 이 세계 안에서 정립적으로 포착되지 않는다.

The World

Could it be that the world is constituted by all the probabilities I could take, manifested as forms positionally captured across different time frames?

Only the observer is present, and cannot be positionally captured within this world.

중력과 세계

상징들은 저마다의 중력을 가지고
내가 사는
시공간 위에 물결을 만든다.

마음은 부러진 깃발처럼
방향을 잃고 휘청이며
상징이 만든 중력장 속으로
걸어 들어간다.

마음속
시간은 정지되고, 공간은 단절되어

나는
깜깜한 우주 속
오롯이 떠 있는 별이 된다.

Gravity and the World

Symbols each possess their own gravity,
creating ripples
on the spacetime
where I live.

The heart, like a broken flag,
loses direction and staggers,
walking into
the gravitational field created by symbols.

Within the heart
time stops, space is severed—

I become
a star floating alone
in the dark universe.

꿈속의 꿈

꿈속에
있는 나는 누구일까.

꿈속의 나를 나라고 인지하는 나는
또 누구일까.

꿈속에 잠든 나를
흔들어 깨우는 그는
또 누구일까.

꿈속에서 황급히 깬
나를 보고
놀라서 잠을 깬 나는

한참 동안 어둠 속에
앉아 있다.

꿈속의 나와 꿈 밖의 내가
시간의 창을
마주하고 한참을 서 있다.

A Dream Within a Dream

Who is the I
that exists in a dream?

Who is the I
that recognizes the I in the dream as myself?

Who is he
who shakes awake
the I that sleeps in the dream?

The I who woke up startled,
seeing myself
hastily awakened from the dream,

sits for a long while
in the darkness.

The I inside the dream and the I outside the dream
stand facing each other
at the window of time
for a long while.

두려움

두려운 까닭은
알지 못하기 때문이다.

무서운 까닭은
우리가 어찌 할 수 없다고 생각하기 때문이다.

늘 닫혀진 시공간의 문 앞에 서 있는 우리
빛이 가는 만큼만 문이 열리고,
우리는 문 앞에서 문이 열리기만을 기다린다.

시공간의 길들은 이미 열려 있지만
우리에게는 안개처럼, 늘 닫혀 있다.

존재의 빛이 가 닿으면
비로소 나타나는 것들

이미 있지만
이름으로 존재한 적이 없는 것들

시간이 없던 세상에
시간이 흐른다는 착각이 시작되면서
모든 두려움은 찾아든다.

Fear

The reason we fear
is because we do not know.

The reason we are frightened
is because we think there is nothing we can do.

We stand always before the closed door of space-time.
The door opens only as far as light travels,
and we wait before the door for it to open.

The paths of space-time are already open,
but to us, like fog, they remain always closed.

Things that appear
only when the light of existence reaches them.

Things that already exist
but have never existed as names.

When the illusion that time flows
begins in a world where time did not exist,
all fear comes calling.

2부

관계의 무게

관계가 당신을 무너뜨릴 때
버려야 할 것은 당신이 아니라
관계이다.

관계 밖으로 나와 보라.
관계가 만든 무거운 역할의 옷들을
벗어 던지고,
온전히 나만 있는 땅 위에 서 보라.

그리고 호흡하라.

온전히 사랑할 용기와 기쁨이 차오를 때
관계 속으로 다시 돌아가라.

When Relationships Break You Down

When relationships break you down,
what you must abandon is not yourself
but the relationship.

Step outside the relationship.
Cast off the heavy garments of roles
that relationships have made,
and stand on ground
where only you exist, whole.

And breathe.

When courage and joy
to love completely rise within you,
return to the relationship.

결핍

나의 시간 속으로 들어온 모든 것들은
나의 시간과 조금씩 다르게 흐르고,
서로의 현재는 항상 어긋나 있다.

만날 수 없지만
바라볼 수는 있는 것들

빛이 남기고 간 그림자만 남아 있기에
늘 그리운 결핍.

우리의 시간은 다르게 흐르고
우리가 만날 수 있는 한 점의 시간은
밤하늘 빛나는 별처럼
영원히 가 닿을 수 없다.

Lack

Everything that enters my time
flows slightly different from my time,
and our presents are always misaligned.

Things we cannot meet
but can gaze upon.

Since only shadows remain
that light has left behind,
there is always longing lack.

Our times flow differently,
and the single point of time where we might meet
is like a star shining in the night sky—
forever unreachable.

살아간다는 것은

살아간다는 것은 버텨내는 일이다.

이 깜깜한 우주 속에
불을 밝히고, 노래를 만들어 부르며,
서로 따스한 눈빛을 보내고,
사랑하고, 가슴 저미도록 그리워하며, 서로를 지탱해 주는 사람이
된다는 것은

사막 속에서 꽃을 피우는 것보다
기적 같은 일이다.

살아가는 순간 순간, 무너져 내리는 공간과
모든 정제된 것들을 휩쓸고 지나가는 시간의
거센 바람 앞에

생명의 불꽃을 지키는 것은
분명 묵묵히 버텨내는 일이다.

What Living Means

To live is to endure.

In this dark universe,
to light fires, create and sing songs,
send each other warm gazes,
love, long with heartbreaking
yearning, and become someone
who sustains one another—

this is more miraculous
than flowers blooming in the desert.

Each living moment, before the crumbling space
and time's fierce wind
that sweeps away all refined things,

to protect the flame of life
is surely to endure in silence.

바다

상징의 세계를 벗어나면
언어라는 산소가 희박해지고
의미의 자기장도 약해진다.

풀어진 언어들 비눗방울처럼
빛을 내뿜으며 먼 하늘로 사라진다.

존재하는 것과
존재하지 않는 것 사이
경계가 희미해지고

의미와 무의미가
아득한 안개 속으로 함께 사라진다.

관계의 끈들이 느슨해지고
의지의 충돌이 사라지면

다시 떠오르는 바다

우리는 모두 바다로 가고 있다.

Sea

Beyond the world of symbols,
the oxygen of language grows thin
and meaning's magnetic field weakens.

Unbound words, like soap bubbles,
emit light and vanish into the distant sky.

Between what exists
and what does not exist
boundaries grow dim,

and meaning and meaninglessness
disappear together into distant fog.

When the strings of relationship
loosen, when collisions of will cease,
the sea rises again.
We are all going to the sea.

존재 내 세계

세계가
서로의 세계를 공전하고 있다.

존재의 빛 발화하는 곳마다
저마다의 세계가 열리고
서로 다른 빛깔과 온도로
깜깜한 우주 속에 외로이 불타오르고 있다.

서로의 중력으로
떠나지 못하고
주위를 맴돌다가
외로워 다가서면

더 외로워져
우주를 떠도는 별똥별이 되어 버린다.

Existence, My World

Worlds are orbiting
each other's worlds.

Wherever the light of existence ignites,
each world opens,
and with different hues and temperatures
they burn alone in the dark universe.

Unable to leave
due to each other's gravity,
they circle around.
When they approach out of loneliness,

they become lonelier,
and turn into meteors
wandering through the universe.

세계의 충돌

내가 사는 세계가
흔들렸다.

희뿌연 연기가 피어오르고, 선명했던
상징의 경계들이 허물어져 내렸다.

세계의 충돌
서로의 주위를 조심스럽게 돌다가
네가 나에게 문득 다가오고 말았다.

네가 다른 온도와 빛깔을 가진 세상에 있었다는
것을 알게 된 것은 나의 세계가 희미하게 너의 세계 속으로
걸어 들어가게 된 후였다.

우리는 다른 채널의 화면을 보며
서로의 이야기를 말하고 있다.

존재 속 세계가
충돌하는 순간

내가 사는 세계가 흔들렸다.

Collision of Worlds

The world I lived in trembled.

White smoke rose,
and the sharp boundaries of familiar symbols
crumbled and fell.

Collision of worlds.

We circled each other, cautious,
until suddenly you stepped toward me.

Only after my world began to fade into yours
did I realize you had been living in a place of
different temperatures, different colors.

We speak our stories while watching screens
tuned to different channels.

The moment worlds collide within our very
being— the world I lived in trembled.

우주 속 우주

내 몸 안에는
내가 모르는 생명들이
나보다 많이 살아가고 있다.

미세하지만 완결된 존재들
나의 몸속 어디에선가 날마다 치열하게 살아간다.
나도 모르게

나의 백혈구는
그들을 이웃과 적으로 나누어
적으로 인지된 자들을 향해
촉수를 뻗어 존재를 지운다.

수시로 찾아 드는 통증도 나라는 우주 속에
존재하는 어느 생명이 무심코 보낸 신호일지도 모른다.

나는 나도 모르는 생명들이 살아가는
우주이다.

무심하게 나도
나의 우주 속에서 하루를 살아간다.

Universe Within Universe

Inside my body
live countless beings I do not know
— more numerous than myself.

Microscopic yet complete,
somewhere within my flesh
they live their fierce daily lives.
Without my knowing.

My white blood cells
divide them into neighbors and enemies,
stretching out tendrils toward those deemed foreign,
erasing their existence.

The pain that visits me may be a careless signal from some life form dwelling in the universe that is me.

I am a cosmos where unknown lives make their homes.

And I, too, carelessly live out my days within my own universe.

봄날 아침에

봄날
아침에 부슬부슬 비 내린다.

차가운 몸을 하고
옷 속으로 스며드는 바람이
꽃향기에 취해 있다.

꽃들이 진다.
슬픈 노래처럼
식지 않은 눈물처럼
허공에 궤적을 남기고
꽃들이 진다.

봄날
아침에 부슬부슬 내리는 비를 맞으며
떠나는 봄의 그림자를 쫓아
봄을 보낸다.

환영처럼 찬란했던 꽃불들이
속절없이 흩날리는
봄날 아침

부슬부슬 비가 내린다.

Spring Morning

On a spring day,
drizzle falls in the morning.

With a cold body,
the wind seeping into my clothes
is drunk on the scent of flowers.

The blossoms fall.
Like a sad song,
like tears that haven't cooled,
leaving traces in the void—
the blossoms fall.

On a spring day,
meeting the drizzle falling in the morning,
chasing the shadow of departing spring,
I bid spring farewell.

The brilliant flower-fires that were like illusions
scatter helplessly—
a spring morning.

Drizzle falls.

혼자

혼자라고 생각할 뿐
혼자인 사람은 없다.

모든 생명은 세계와 소통하고 있다.
가만히 서 있는 풀잎 하나도 햇빛과 교감하고, 바람과
작은 벌레들과
우리가 보고 들을 수 없는
소리와 진동에 세포 하나하나가 열려 반응하고 있다.

나라고 포착된 나에게
한번 따뜻하게 웃어 보라.
봄날 흩어지는 꽃씨들처럼
가볍게 흩어지리니
내가 생각하는 나는 착각일 뿐이다.

그대는 혼자여서 혼자가 아니다.
혼자라고 생각해서 혼자일 뿐이다.

Alone

We only think we are alone— no one is truly alone.

All life communicates with the world. Even a single blade of grass standing still communes with sunlight, with wind and tiny insects, each cell open and responding to sounds and vibrations we cannot see or hear.

To the self caught as "me"— smile warmly once. Like flower seeds scattered on a spring day, you will drift away lightly. The self I think I am is merely illusion.

You are not alone because you are alone. You are alone only because you think you are alone.

가상의 실재

끝이 있다는 것은
실재가 아니다.

무대 위 오페라의 찬란했던 소리와 시각의 흩어지는
음영들
꿈속 시공간의 얽힘과 중첩이 만드는 수많은 세상들
긴장과 이완이 반복되는 삶의 굴곡들

모두 절벽처럼, 끝이 있다.

밀폐된 세계.
의 압박감.

우리는 가상의 실재 속에 갇혀 있다.

Virtual Reality

What has an end is not reality.

The brilliant sounds and scattering shadows of opera on stage, countless worlds created by the entanglement and overlap of dream space-time, the undulations of life with its repeated tension and release.

All have edges like cliffs.

A sealed world. Its pressure.

We are trapped in virtual reality.

나와 세계

봄날 눈부신 오후
지천으로 피어 있는 철쭉이 이끄는 길을 따라
바람 스치듯 걸었다.

호수의 표면 위로 낙하하는 빛들은
긴 여정을 마치고, 부시게 물 위를 유영한다.
부서지는 빛 속으로 솟아 오른
붕어들은 게으른 입을 벙긋거리며,
지켜보는 사람들을 바라본다.

이 세계는

내가 있어
존재하는 것일까.

Self and World

On a dazzling spring afternoon,
I walked like a passing breeze
along the path led by
azaleas blooming everywhere.
Light falling onto the lake's
surface finishes its long journey,
and swims brilliantly on the water.

Carp rising into the breaking light
lazily open and close their mouths,
looking at the people watching them.

Does this world exist because I am here.

은혜

나라는 정보와
아침마다 만나고
잠들면 헤어진다
나는 시공간의 좌표를 따라
이동하는 찰나의 깜박이는 빛

내가 관찰하는 나는
내가 가공한 정보의 집합체
그를 사랑하고, 미워하고,
그로 인해 눈물도 흘린다.

내가 사는 세계의 모든 입체적 명암들은
이차원 정보가 만든
환상 같은 것일까.

인과의 폐쇄된 쳇바퀴 속에서
은혜라는 틈을 발견한다.
세계 밖의 푸른 빛이 스며들어오는 작고도 큰.

Grace

I meet with
the information called "me"
every morning.
When I sleep, we part.
I am a flickering light of a moment
moving along the coordinates of space-time.

The "me" that I observe
is a collection of information I have processed.
I love him, hate him,
and even shed tears because of him.

Are all the three-dimensional lights and shadows
of the world I live in
illusions created by
two-dimensional information.

Within the closed wheel of cause and effect
I discover a crack called grace.
Small yet great, where blue light
from outside the world seeps in.

당신의 평안

조금만 남겨 두세요.
당신이 만나는 사람과 나무와 꽃과, 바람과 향기를 위해서.

당신의 에너지가 당신의 삶을 위해, 모두 소진되고,
힘들다, 지친다, 아프다, 신음하듯 내뱉고 있을 때
당신 주위의 모든 것을 외롭게 한다는 것을
당신은 아시나요.

당신의 삶을 위해, 가진 모든 것을 소모할 때
마치 벌거벗은 사람처럼,
이파리를 모두 떨군 겨울나무가 비탈 위에 서 있는 것처럼,
위태롭게 느껴지는 것을
당신은 아시나요.

당신의 고요함을, 당신의 평안을
당신을 위해, 그리고, 당신에게 찾아들 사람과 사물들을 위해.

조금만 남겨 두세요.

Your Peace

Save a little.
For the people and trees and flowers you meet,
for the wind and fragrance.

When your energy is completely
exhausted for your life,
when you breathe out like a groan—
it's hard, I'm tired, it hurts—
do you know
that you make everything around you lonely.

When you consume everything you have for your life,
like a naked person,
like a winter tree that has shed all its leaves
standing precariously on a slope,
do you know that you feel precarious.

Your quietude, your peace
for yourself, and for the people and things that
will come to you.

Save a little.

찬란한 봄

가오 잡고 뽀대 나게 살려고만 하지 않으면
세상 살기가 훨씬 수월해진다.

인정 욕구의 깊은 수렁에서 벗어나
무거운 역할의 옷을 벗어 던져 버리면
안다.
그것이 얼마나 내 삶을 짓누르고 있는 최면이었는지.

너를 위해 살아라.

모자이크처럼 얽혀 있는 관계라는 퍼즐의 위태로운
공생은
아름다울 수도, 서로를 옥죄는 감옥일 수도 있다.

너를 희생해서, 행복하게 만들 타인은 없다.
너의 행복이 넘쳐서 타인의 행복이 되었으면 좋겠다.

네가 아파서, 기쁘게 만들 타인은 세상에 없다.
너의 삶이 찬란한 봄이어서, 꽃피는 사람들이 많았으
면 좋겠다.

Brilliant Spring

If you don't live just to keep up appearances and show off, life becomes much easier.

When you escape the deep swamp of the need for recognition and throw off the heavy costume of roles, you know.
You realize what a hypnotic spell it was that weighed down your life.

Live for yourself.

The precarious symbiosis of relationships, a puzzle interwoven like a mosaic, can be beautiful, or a prison that strangles each other.

There is no one who will be happy by sacrificing you.
I hope your happiness overflows and becomes others' happiness.

There is no one in this world
who will be made joyful by your pain.
I hope your life is a brilliant spring,
so many people can bloom.

데이터의 세계

우리는 세상을
물질로 또는 에너지로 경험하지 않는다.

우리가 사는 세계는
이미지와 언어로 구조화되어 있으며
우리가 경험하는 것은 모두 정보다.

우리는 가공된 세계 속에 있다.
어쩌면 실체는 실재하지 않을지도 모른다.

의식의 빛 가 닿으면, 연기처럼 사라지는 실체
시공간의 좌표 속에 박제되고, 생기를 잃고
낙화한다.

우리는 데이터 속에서 살아간다.
그리고 데이터의 불균질함으로 인해
깊이 파인 곡률에 걸려
깊은 잠에 빠져 있는지도 모른다.

World of Data

We do not experience the world
as matter or energy.

The world we live in
is structured by images and language,
and everything we experience is information.

We exist within a processed world.
Perhaps substance may not actually exist.

Substance that vanishes like smoke
when the light of consciousness touches it,
becomes preserved in the coordinates of space-time,
loses its vitality
and falls like petals.

We live within data.
And due to the heterogeneity of data,
caught in deeply carved curvatures,
we may be fallen into deep sleep.

얽힘

우리는 모두 하나의 시공간의 바다에 떠 있다.
그 속에서 우리는 서로 파동을 주고받는다.

가만히 있어도, 등 돌리고 서 있어도
너는 누군가의 마음을 아프게 하고
아무것도 욕망하지 않아도
욕망하는 누군가에게 끊임없이 말하고 있다.

살아 있는 모든 것은
얽혀 있다.
마치 한 점에서 폭발하여 나온 빛처럼.

그래서 너는 평안해야 한다. 누군가의 평안을 위해서

Entanglement

We all float in one ocean of space-time.
Within it, we exchange waves with each other.

Even when still,
even when standing with backs turned,
you hurt someone's heart.
Even when desiring nothing,
you are constantly speaking
to someone who desires.

All living things
are entangled.
Like light that exploded from a single point.

Therefore you must be at peace.
For someone's peace.

가공된 세계

생존을 위해
실재의 세계는 편집되고,
가공된 세계 속에 존재는 갇혀버렸다.

세계는 스크린 속으로 들어오고
스크린 밖의 세계와의 경계는
넘을 수 없는 벽처럼 날마다 견고해졌다.

우리 모두는
생존을 위해 최적화된
각자의 공간에서 살아간다.

같은 것을 보아도 다르게
보고,
같은 것을 들어도 다르게
듣는 사람들

밤하늘 흩어진 별들처럼
모두가 혼자다.

Processed World

For survival
the real world is edited,
and existence becomes trapped in a processed
world.

The world enters the screen.
The boundary between the world inside the screen
and the world outside
becomes solid like an insurmountable wall,
day by day.

We all live
in our respective spaces optimized for survival.
People who see the same thing differently,
who hear the same thing differently.

Like stars scattered across the night sky
everyone is alone.

눈빛

우리는 모두 무엇의 무엇이다.
그냥 무엇으로는 존재하지 않는다.

그래서 우리는
혼자서는 실재하지 않을지도 모른다.

의식의 빛이 만들어낸 수많은 빛깔들이 갇혀 있는
유리병 속이
우리가 경험하는 세계일지도 모른다.

서로를 비추는 눈빛이 없다면
눈송이가 바다를 만나 형체를 잃듯이
우리도, 시공간의 물결 속으로
흩어져 버릴지도 모른다.

너와 나의 의지와 의도가
만들어낸 서로 다른 표상의 세계의 중심에
깃발처럼 너와 내가 마주하고 서 있다.

Gaze

We are all something of something.
We do not exist as just something.
So we may not exist in reality by ourselves.

The world we experience
may be inside a glass bottle
where countless colors created
by the light of consciousness are trapped.

Without the gaze that illuminates each other,
like snowflakes losing their form
when they meet the sea,
we too may scatter
into the waves of space-time.

At the center of worlds of different representations
created by your and my will and intention,
you and I stand facing each other
like flags.

시공간의 바다

존재하는 모든 것은
서로의 중력으로 인해
모두 연결되어 있다.

너의 작은 웃음, 몸짓 하나도
시공간에 미세한 물결을 일으키고,
나에게로 잔잔한 파동이 되어 밀려온다.

그리워하는 만큼
너의 중력은 내게 산이 되어 다가오고
나는 너의 곁을 떠날 수 없어
네가 멀리 있어도, 나는 너의 곁을 맴돈다.

시공간의 바다는 날마다 출렁인다.
너로 인해, 그리고 나로 인해.

Ocean of Space-Time

Everything that exists
is connected to each other
through mutual gravity.

Your small smile, a single gesture
creates subtle ripples in space-time,
rolling toward me as gentle waves.

As much as I long for you,
your gravity approaches me like a mountain
and I cannot leave your side—
even when you are far away,
I orbit around you.

The ocean of space-time surges every day.
Because of you, and because of me.

의지와 표상 3

빛이 이동하고 있을 뿐
시간이 흘러가는 것은 아니다.

빛이 이동하는 동안만
세계는 존재한다.
빛이 사라지면 신기루처럼 흩어져 버리는 안개의 도시
나는 그 속에 있든지 그 언저리를 맴돈다.

나의 의지가 그리는 그림 속에
나의 왜곡된 빛들이 만드는 수많은 타자가 있다.
착각과 허구, 허상의 밀폐된 입체의 그림 속에
모든 사물은 진실되게 존재한다.

나는 내가 만든 세계 속에 갇혀 있다.

나의 의지가 희미해지면
가을이 온다. 나이 든 잎들이 하염없이
흩날리는 비어가는 술 속 길에
구원처럼 하늘빛 한 자락이 스며든다.

Will and Representation 3

Light is only moving—
time is not flowing.

Only while light moves
does the world exist.
A city of mist that scatters like a mirage
when light disappears.
I am either within it or circling its edges.

In the picture drawn by my will
there are countless others created
by my distorted lights.
In the sealed three-dimensional picture
of delusion, fiction, and illusion,
all things exist truthfully.

I am trapped in the world I created.

When my will grows dim,
autumn comes. On the emptying path
where aged leaves endlessly scatter like wine,
a strand of sky-light seeps in like salvation.

별과 별 사이

나는 지금 아무것도 인지할 수 없는
별과 별 사이의 아득함 속으로 걸어 들어가고 있다.

의지의 빛이 약해지고 시공간은 침묵 속에 잠긴다.
안개 속으로 사라져가는 표상들

치열했던 스크린 속을 헤매다
스크린 밖으로 나온 것처럼
나를 에워싸던 타자가 없다.

나는 지금 별과 별 사이를 지나고 있다.
텅 비어 있는,
그러나 충만한 시공간의 바다.

생각은 비어지고
감각의 빛에 인지되지 않는 것들이 시공간을 메우고
있다.

Between Stars

I am now walking into
the vastness between stars
where I can perceive nothing.

The light of will weakens and space-time
sinks into silence.
Representations disappearing into mist

After wandering through the fierce screen,
as if I have come out of the screen,
there are no others surrounding me.

I am now passing between stars.
Empty.
Yet the ocean of space-time is full.

Thoughts become empty
Things unperceived by the light of sensation
are filling space-time.

3부

고정된 것은 실재하지 않는다

어제의 나와
지금의 나를 같은 사람이라고 할 수 있을까.

나의 몸은
시시각각 변한다.

나의 마음도 쉴 새 없이 출렁인다.

나의 감각들도 조금씩 조율이 틀어져
내가 사는 세계의 농도와 명암은 날마다 다르다.

그만큼씩 나는 조금씩 다른 세계 속을 지나고 있다.

별빛이 낯선 시공간의 바다를 건너는 동안
나도 그 만큼씩의 세계를 통과하고 있는지도 모른다.

나는 날마다 달라지는 나를 붙잡기 위해
나를 거울 앞에 세운다. 같이 따라온 세계가
거울을 가득 메운다.

Nothing Fixed Is Real

Can yesterday's me and today's me
be called the same person.
My body changes moment by moment.
My heart also surges ceaselessly.

My senses also gradually go out of tune,
so the density and light and shadow
of the world I live in differ each day.
By that much, I am passing through
slightly different worlds.

While starlight crosses
the ocean of unfamiliar space-time,
I too may be passing through
that much of the world.

To hold onto the me
that changes daily,
I stand myself before a mirror.
The world that came along
fills the mirror completely.

노화

눈앞에 잡을 수 없는
아찔한 점들이 나풀거려
시선이 온통 거기로 가 있다.

기다려도
시야를 점령한 점들이 사라지지 않아
눈을 감고 그들이 떠나기를 기도한다.

의사를 찾아가
숨겨진 망막을 보는 검사들을 하고
의사의 말을 기다린다.

노화 현상입니다.

오래된 벽지가 벽 모서리에서 뜨는 것처럼
오래된 망막이 살짝 떠 있다는 거다.

노화도 인생이 맞이하는 한 계절이다.

이 계절의 변화를
나는 지금 온몸으로 받아들이고 있다.

Aging

Dizzying dots that cannot be caught
flutter before my eyes,
and my gaze is entirely fixed there.
Even when I wait,
the dots that have occupied my vision
do not disappear.

I close my eyes and pray
for them to leave.
I visit a doctor and undergo tests
to examine the hidden retina.
I wait for the doctor's words.

"It's an aging phenomenon.
Like old wallpaper lifting
at the corner of a wall,
your old retina is slightly detached."

Aging is also a season that life encounters.

I am now accepting this seasonal change
with my whole body.

흰 눈

눈보라 치는 겨울 아침에
길을 나선다.
점점이 다가오는 하얀 옷을 입은
바람은
내게 와서 차가운 몸을 부빈다.

우리는 모두 흰 눈으로 만난다.
얼어붙은 마음 기댈 따뜻한 가슴을 찾아
너와 나 이곳까지 오지 않았나.

너의 온기 속에 하얗게 스며드는
나는 텅 빈 하늘을 헤매던 흰 눈이었다.

White Snow

On a snowstorm-swept winter morning,
I set out on the road.
The wind dressed in white,
approaching closer and closer,
comes to me and rubs its cold body against mine.

We all meet as white snow.
Seeking a warm chest to lean our frozen hearts upon—
didn't you and I come all the way here for this?

Seeping white into your warmth,
I was white snow wandering the empty sky.

비인 하루

비인 하루
일로 채워졌던 시간을 무엇으로 채워야 할지 몰라
대낮의 거리를 방향 없이 걸었다.

정오의 태양 아래 그냥 서 있어 본다.
세상이 지어준 이름들을 망각하고 서 있으니
나는 한 자락 바람처럼 가볍다.

특정되어 지지 않는 존재로
하루를 살았다.

아무도 나를 알아보지 못하는
군중의 중심에서
나는 잠깐 비상하는 새를 꿈꾸었다.

Empty Day

Empty day
not knowing what to fill
the time that was once filled with work,
I walked the daytime streets without direction.

I just try standing
under the midday sun.
Standing while forgetting
the names the world has given,
I am light as a strand of wind.

I lived a day
as an unspecified being.

In the center of a crowd
where no one recognizes me,
I briefly dreamed
of being a soaring bird.

겨울 숲 속길

비어져가는 겨울 숲 속 길을
바람과 함께 걷는다.

온몸을 파고드는
바람의 몸은 차다.

날씨처럼 날마다 달라지는 내 삶의 온도
나도 언젠가 누군가에게
견딜 수 없는 차가운 존재는 아니었을까.

때론 삶은 예측할 수 없는
구름과 비를 몰고 와
내가 사는 온 세상이 어두워졌다.

그러나 이제는 안다.
삶은 다만 끊임없이 출렁이는 파도일 뿐,
저항하지 않으면, 어둠도 빛도 아니라는 것을

나는 이제 그 위에 말없이 눕는다.
힘을 빼고, 아무런 저항도 없이

Winter Forest Path

I walk the emptying winter forest path
together with the wind.

The body of wind
that penetrates my whole body is cold.

The temperature of my life
that changes daily like weather—
wasn't I too, at some point,
an unbearably cold being to someone.

Sometimes life brings
unpredictable clouds and rain,
and the whole world I live in becomes dark.

But now I know.
Life is merely waves that surge endlessly,
and if you don't resist, it is neither darkness nor light.

I now lie silently upon it.
Relaxing my strength, without any resistance.

착각

고통이 찾아와도
고통을 느낄 주체가 없다면
그것은 아무것도 아니다.

죽음이 찾아와도
죽음을 맞을 주체가 없다면
그것도 아무것도 아니다.

내가 있다는 착각을 버리면
모든 것은 그냥 흘러가는 바람일 뿐
그 어떤 형체도 없다.

세계는 비어 있고.
모든 것은 흘러간다.

흘러가는 모든 것 속에 그대도 있다.

Illusion

If suffering comes
but there is no subject to feel the suffering,
it is nothing.

If death comes
but there is no subject to meet death,
that too is nothing.

If you abandon the illusion
that "I" exist,
everything is just flowing wind
with no form whatsoever.

The world is empty.
Everything flows.

In everything that flows,
you too are there.

거울 속 타자

어쩌면 우리는
모두 거울 앞에 서 있는지도 모른다.

거울에 비쳐진 수많은 얼굴들이
나의 얼굴을 바라보며,
타자로 서 있다.

어쩌면 그 얼굴들이
나의 또 다른 얼굴은 아닐까.

내 속의 욕망과 상처의 중력에 굴절된
조금씩 다른 시간대의 내가
동시에 서로 다른 얼굴을 가진 타자로
나를 지켜보고 있는 것은 아닐까.

바라보는 내가 거울 밖으로 사라지면
거울 속에는 아무도 없다.

내 욕망과 의지가 사라지면 고요해져 오는 거울 안의
세계 속에서 나는 안개처럼 희미해지는 존재의 경계를
무심히 바라본다.

타자의 숲속에서 길을 잃은 나를 스치는
거울 밖에서 불어온 푸른 바람 한 자락
하늘로 날아오르고 있다.

The Other in the Mirror

Perhaps we are all
standing before mirrors.

Countless faces reflected in the mirror
look at my face
and stand as others.

Perhaps those faces
are my other faces.

Myself from slightly different time zones,
refracted by the gravity
of desires and wounds within me,
watching me simultaneously
as others with different faces.

When the watching me disappears
outside the mirror,
there is no one in the mirror.

When my desires and will disappear,
in the world inside the mirror

that grows quiet,
I indifferently watch
the boundary of existence
growing faint like mist.

A strand of blue wind
that blew from outside the mirror
brushes past me
lost in the forest of others.
It is soaring toward the sky.

물집

입술에 물집이 터졌다.

하루 종일 온 신경이 그 작은 물집에 가 있어,
잔잔한 통증이 나를 데리고 다녔다.

때론 내 온 존재가 그 물집인 것처럼, 나는 세계로부터
소외되기를 꿈꾸었다.

그러다가 문득
내 몸에서, 아픈 부위보다 아프지 않은 부위가 훨씬
많다는 것을 보았다.
한 점도 되지 않은 물집에 가려진 전체.

우리는 얼마나 가지지 않은 작은 것 때문에
훨씬 많은, 가진 것들을 망각하고 살아 가는 것일까.

Blister

A blister burst on my lip.
All day long, all my nerves
were focused on that small blister,
and gentle pain carried me around.

Sometimes, as if my entire being
were that blister,
I dreamed of being
alienated from the world.

Then suddenly
I saw in my body that the parts that don't hurt
far outnumber the part that hurts.

The whole obscured by a blister
not even the size of a dot.

How much do we live
forgetting the much more we have
because of the small things
we don't have.

인식 후 세계

흐르지 않는 시간 속에
시간이 흐르는 세계가 열려 있고.

공간이 없는 세계 속에
공간의 부피를 느끼며 살아가고.

텅 빈 세계 속에서
꽉 찬 존재를 느끼며 살아 가는 곳.

느끼고 사랑하고, 때론 무지개처럼 감정의 물보라가
일어나
뜨거운 눈물 속에 그대를 보는 곳.

세계는 블랙홀처럼
의식을 빨아들이고
시공간의 바다 위로 찬란한 불빛들이 빛나는 곳

꿈속의 꿈, 세계 속의 세계.

World After Recognition

Within time that does not flow
a world where time flows is open.

Within a world without space
we live feeling the volume of space.

Within an empty world
we live feeling full existence.

A place where we feel and love,
where sometimes emotional spray rises
like a rainbow,
where we see you
in hot tears.

The world, like a black hole,
sucks in consciousness.
A place where brilliant lights shine
over the ocean of space-time.

Dream within a dream,
world within a world.

진심 없는 날들

마음을 담은 말 한마디 없는 날들이
이어진다.

한없이 가볍기만 한 너와 나의 일상의 언어들
겨울바람을 기다리는 힘 빠진 잎들처럼
앙상하다.

굳어져 가는 표정
가라앉는 듯한 심장 소리

겨울바람을 피해
따스한 햇살 한 자락 내려앉은
마당에 나무처럼 서 있다.

다시 사랑할 수 있는 심장을 위해서
다시 설레는 순간 순간의 삶을 위해서
나의 온몸은 치열하게 햇살을 먹는다.

기도처럼
나는 가을 햇살 아래 절박하게 서 있다.

Insincere Days

Days without a single word that contains the heart continue.

Your and my daily language that is endlessly light like weakened leaves waiting for winter wind. Barren.

Hardening expressions.
The sound of a sinking heart.

Avoiding the winter wind,
I stand like a tree in the yard
where a strand of warm sunlight has settled.

For a heart that can love again,
for a life of moments that can flutter again,
my whole body
fiercely devours the sunlight.

Like a prayer.
I stand desperately under the autumn sunlight.

의지와 존재성

서로를 바라보는 시선이
느슨해지면
존재도 희미해진다.

의지하는 것만큼
존재는 강렬하게 다가온다.

의지는 아무것도 보이지 않는 세계에
빛을 비추고
이름을 불러
안개 속에 가려졌던 모든 것들을
찬연한 빛깔로 드러나게 한다.

Will and Existence

When the gazes
that look at each other
loosen,
existence also grows faint.

As much as we will,
existence approaches intensely.

Will shines light
into a world where nothing is visible
and calls names,
making everything
hidden in the mist
reveal itself in brilliant colors.

언어 밖의 세계

언어가 만든
차가운 경계들이
서로를 외롭게 하는 밤

언어들은 서로를 지탱할
다른 언어들을 찾아 헤매다
간신히 찾은 동료의 어깨에 몸을 기대어
비로소 의미를 만들고

의미는 감정의 단층들을 만들고
우리가 사는 입체의 세계를 구현한다.

세계는 우리 안에 있을 뿐
우리 밖의 세계는
우리 안에 존재하지 않는다.

언어의 숲에서
하늘을 향해 날아오른 새는
다시 돌아오지 않는다.

World Beyond Language

A night when the cold boundaries
created by language
make each other lonely.

Languages wander
searching for other languages
to support each other.
Leaning against the shoulder
of a barely found companion,
they finally create meaning.

Meaning creates strata of emotions
and manifests the three-dimensional world
we live in.

The world exists only within us.
The world outside us
does not exist within us.

The bird that soaredtoward the sky
from the forest of language
never returns.

뇌와 세계

뇌가 보내주는 신호에
따라 오늘도 살았다.

뇌도 뇌 밖의 수많은 정보들과
상호 작용을 하고, 수도 없이 많은
시뮬레이션을 하며,
내가 가는 길을 만들어 주었을 것이다.

뇌는 독립적으로 존재하지 않고,
외부와 끊임없이 상호작용한다.
그래서 뇌가 보내는 정보들은
세계와 연결되어 있다.
뇌 속의 세계와 세계 속의 뇌
사이를 오가며

오늘 하루를 살았다.

Brain and World

I lived today
according to signals sent by my brain.

My brain too, interacting
with countless information
outside the brain,
running countless simulations,
must have created
the path I take.

The brain does not exist in isolation
but constantly interacts
with the outside.
Therefore the information
the brain sends
is connected to the world.

Moving back and forth
between the world in the brain
and the brain in the world,

I lived this day.

빛의 흔적

세상도 변해가지만
나도 변해간다.

세상의 소식을 전해오던 나의 감각들이
조금씩 조율이 틀어져, 뇌가 만든 세상도 조금씩
경계가 흐려진다.

세상은 내 안에서 시시각각 변해가고
나이 든 감각이 가 닿아, 물결이 일어나지 않는 세상은
더 이상 존재하지 않는다.

감각의 프리즘이 만든 빛깔들의 세상에
오롯이 남아 있는 빛의 흔적

그 빛의 길을 따라
세계 밖의 고요가 스며들고 있다.

Traces of Light

The world changes, and I change too.
My senses that once carried news of the world
grow slightly out of tune,
and the world my brain creates
slowly blurs at its edges.

The world shifts moment by moment within me,
and the world where rusted senses reach out
yet stir no ripples
no longer exists.

In this world of colors made by the prism of perception,
traces of light
remain pure and whole.

Following that path of light,
the silence beyond the world
seeps in.

착각의 세계

착각이 만든 세계는
생존을 위해 뒤돌아보지 않고, 달려 들어온 동굴이었다.

실재보다 안전한 착각의 세계 속에서
누군가 실재로 가는 문을 숨겼다.

착각은 이제 새로운 실재가 되고
실재의 빛은 빛깔의 흔적으로 남아 세계 안에 고였다.

세계 밖 감당할 수 없는 공포와 불안이
착각의 높은 벽을 넘으려 할 때마다
차가운 언어의 화살을 쏘아 올려 결박했다.

쌓이는 기억은 거대한 흐름이 되어 시간을 흐르게 했다.

인간은 실재로 가는 길을 망각의 숲에 숨기고
빛깔로 가득한 착각의 방에
갇혀, 경계 없는 자유를 꿈꾼다.

World of Illusion

The world created by delusion
was a cave that rushed forward without looking
back, for survival.

In the world of illusion, safer than reality,
someone hid the door leading to the real.
Illusion now becomes new reality,
and the light of the real remains as traces of color,
pooled within the world.

Whenever unbearable fear and anxiety from
outside the world
tried to cross over the high walls of illusion,
cold arrows of language were shot up to bind them.

Accumulating memories became a mighty current
that made time flow.

Humans hide the path to reality in the forest of
oblivion
and trapped in rooms of illusion filled with colors,
dream of boundless freedom.

고립

지금 여기는 어디에도 없다.

그때 그곳만
깃발처럼 시공간의 좌표에
포착되어 있다.

실재는 없고
실재에 대한 흔적과 소문만 무성히
우리가 가는 길 위에 널브러져 있다.

허상과 실재 사이의 어느 지점
선명하지 않는 기억의 산들이 사방을 가로막고
굴절된 인식의 빛이 건널 수 없는 강을 만들어
우리는 고립되어 버렸다.

Isolation

The here and now exists nowhere.

Only that time, that place
is captured
like a flag
at the coordinates of space-time.

There is no reality,
only traces and rumors of reality
scattered thickly
on the path we take.

At some point
between illusion and reality,
unclear mountains of memory
block all directions.
The refracted light of perception
creates an uncrossable river.
We have become isolated.

뇌

1.4kg의 우주에
빛이 스며든다.

빛이 가 닿는 곳에
마을이 생겨나고.
꿈꾸듯 나는 그 속에서 하루를 보낸다.

시공간의 좌표가 위태롭게
나를 만들어 가고
나는 그 경계를 지날 때마다
이전의 나와 이별한다.
나는 연속적이지 않았고,
기억 속 나만이 나를 기억했다.

직관은 착각일 수 있다는 생각이 깊어지면서
새장 속의 새가 하늘을 그리워하듯
1.4kg의 우주 밖의 세계가
그리워졌다.

1.4kg Universe

Light seeps into
the 1.4kg universe.

Where light reaches,
villages are born,
and like a dream I spend my day within them.

The coordinates of space-time precariously
create me,
and each time I cross those boundaries,
I bid farewell to my former self.
I was not continuous—
only the me in memory remembered me.

As the thought deepens that intuition might be delusion,
like a bird in a cage longing for the sky,
I came to long for the world
beyond the 1.4kg universe.

마음

마음은 인식의 창을 통해 들어온 빛이 만든 세계다.

창을 바라다볼 수 있는 힘이 없다면
창은 우리의 운명이다.

창을 바라다보는 힘이 생긴다면
우리에게 다다른 빛에 관심을 가지기보단
빛이 들어온 창의 크기와 모양에 관심을 가진다.

창을 여는 힘이 생긴다면
창의 방향을 바꾸는 힘이 생긴다면
더 이상 내게 다다른 빛은 나의 운명이 아니다.

내가 세계를 만들 수 있다.
마음이 곧 내가 사는 세계이기 때문이다.

Mind

The mind is a world created by light
that entered through the window of perception.

If we lack the power to look at the window,
the window is our fate.

If we gain the power
to look at the window,
rather than being interested
in the light that reaches us,
we become interested
in the size and shape
of the window through which light entered.

If we gain the power to open the window,
if we gain the power
to change the direction of the window,
the light that reaches me
is no longer my fate.

I can create the world.
Because the mind is the world I live.

사랑

그대를 바라보는 이 순간은
내가 빛으로 물드는 순간

내 눈 속에 들어온 당신은 내 마음에 던져진 불꽃.
그 불꽃 내 가는 곳마다 저녁노을처럼 번져
나는 그대의 빛깔에 물든다.

사랑하는 이여.
그대 따스한 숨결이
내가 사는 세상을 꽃피우는 바람이 되고
회색빛 도시를 물들이는 물감이 되어
나는 그대의 숨결에 빛난다.

사랑하는 이여.
삶의 절벽 끝에서도
나 그대의 두 손 놓지 않으리.

그대는 내가 살아가는 세상이기에
그대는 내가 살아가는 이유이기에

(영화 타이타닉 속 레오나르도 디카프리오, 케이트 윈슬렛의 사랑을 보며)

Love

This moment of gazing at you
is the moment I am dyed with light.

You who entered my eyes are a flame cast into my heart.
That flame spreads like evening sunset wherever I go,
and I am stained with your colors.

My beloved,
your warm breath
becomes the wind that makes my world bloom,
becomes the paint that colors the gray city,
and I shine in your breath.

My beloved,
even at the edge of life's cliff,
I will not let go of your two hands.

Because you are the world I live in.
Because you are the reason I live.

(Watching the love of Leonardo DiCaprio and Kate Winslet in Titanic)

마음의 창

우리가 듣는 소리는
마음의 창을 통하여 들어온
굴절된 소리다.

우리가 보는 사람의 표정도
마음의 창을 통하여 들어온
굴절된 얼굴이다.

내 마음의 굴곡에 따라 달라지는
세상의 소리와 빛

내 마음이 잔잔해질 때까지
나는 내 마음을
흐르는 강물을 보듯 들여다본다.

Window of the Heart

The sounds we hear
are refracted sounds
that entered through the window of the heart.

The expressions on people's faces we see, too,
are refracted faces
that entered through the window of the heart.

The sounds and light of the world
change according to the contours of my heart.

Until my heart becomes calm,
I look into my heart
as if watching flowing water.

바람이 되다

상징의 벽들이
허물어지면
억눌렸던 숨이 새처럼 풀려나와
나는 바람이 된다.

내가 살던 세상은
나의 마음이었다.

마음은
날씨처럼 날마다 다른 빛으로 물들고
나는 그 마음의 집에서
사계절의 아침을 맞이한다.

마음의 세계는
분명 선명한 환영이었다.

바람이 되어 떠난
마음의 집은 희미한 기억과 함께 새벽녘 이슬처럼
사라지고

빛 가득한 아침이
경계 없는 바다에 넘실거리고 있다.

Becoming Wind

When the walls of symbols
crumble,
the suppressed breath is released like a bird
and I become wind.

The world I lived in
was my heart.

The heart
is colored with different light each day like weather,
and I greet the mornings of four seasons
in that house of the heart.

The world of the heart
was surely a vivid illusion.

Having become wind and departed,
the house of the heart disappears like dawn dew
along with dim memories.

A light-filled morning
ripples on the boundless sea.

생각의 감옥

하루 종일
머릿속에서 지절대는 소리에
마음은 평안을 잃고
눈은 빛을 잃었다.

수많은 상징의 조각들
날카로운 기억의 편린들이 흩날리는 사막 위를
온몸에 상처를 내며
하루를 걷는다.

나의 생각은 나의 편이 아니다.
나를 옥죄어 오는 생각들을 무심하게
기계적으로 던지는
나의 머리는 나의 감옥이다.

그러나 안다.
그 감옥의 문을 여는 열쇠는
나에게 이미 쥐어져 있다는 것을.

생각을 무심하게 바라보며
이미 와 있는 빛의 자락을 따라간다.

Prison of Thoughts

All day long
at the chattering sound in my head,
my heart loses peace
and my eyes lose light.

Countless fragments of symbols,
sharp shards of memory scattered across the desert—
I walk through the day
wounding my whole body.

My thoughts are not on my side.
My head that mechanically,
indifferently hurls
thoughts that strangle me is my prison.

But I know
the key to open that prison door
is already held in my hand.

Watching thoughts with indifference,
I follow the edge of light that has already arrived.

4부

어항 속의 열대어

어항 속의 작은 열대어처럼
세계 속에 담긴 작은 세계 속에서
소통할 수 없는 감각의 촉수를 뻗어
유리 너머의 세계를 동경했다.

물속에서
물 밖의 세계로 향하는 길에
건너갈 수 없는 계곡이 있음을 예감한
물고기들은
다시 물속으로 잠적했다.

먹먹하게 다가오는 일상의 소리와 통증들
다른 빛깔들로 굴절되어 오는 모든 세상의 빛들
흔들리는 별빛과 작은 바람 소리

물속에서 물고기들은
날마다 은빛 광택의 날개를 꿈꾼다.

Tropical Fish in an Aquarium

Like small tropical fish in an aquarium,
in a small world contained within the world,
I stretched out tentacles of incommunicable sensation,
yearning for the world beyond the glass.

From underwater
on the path toward the world above water,
sensing there was an uncrossable valley,
the fish
submerged back into the water.

The muffled sounds and pains of daily life approaching.
All the world's lights refracted in different colors,
trembling starlight and the sound of a small wind.

Underwater, the fish
dream every day of silver-gleaming wings.

그대와 나

그대와 나는
파동이었다.

빛에게 포착되기 전
그대도 없고, 나도 없었다.

빛이 닿는 순간
나는 나의 빛깔을
너는 너의 빛깔을 입고
시간의 무대 위로 떠올랐다.

중력을 만날 때마다
출렁이는 시공간의 바다 위
우리가 사는 작은 섬 위로
수많은 빛깔들이 깜깜한 어둠을 밝혀
피어올랐다.

빛깔들이 만드는 그림 하나
깜깜한 우주 속에 등불처럼 빛나고 있다.

You and I

You and I were waves.
Before being caught by light,
there was no you, there was no me.
The moment light touched us,
I donned my color,
you donned yours,
and we rose onto the stage of time.

Upon the sea of spacetime that ripples whenever
it meets gravity,
above the small island where we live,
countless colors
bloomed, illuminating the pitch-black darkness.

A single painting made of colors
shines like a lantern in the dark universe.

자기만의 별

사람은
누구나 자기만의 별에서 살아간다.

서로를 제대로 알지 못하지만
서로를 비추지 않는 별은 없다.

빛을 내지 않는 별은 홀로 어둠 속으로 사라진다.

빛을 발하는 동안만
그대와 나는 서로에게 존재한다.

빛이 사라지면
세계는 안개 속으로 사라지고
더 이상 시공간의 바다는 출렁이지 않으리라.

Each Person's Own Star

Everyone
lives on their own star.

Though we cannot truly know each other,
no star fails to illuminate another.

A star that gives no light
disappears alone into darkness.

Only while we shine
do you and I exist for each other.

When light disappears,
the world will vanish into mist
and the sea of spacetime will ripple no more.

언어의 알고리듬

사람은
언어의 알고리듬을 벗어나
존재할 수는 없는 것일까.

언어의 해체는
관계로부터 유배를 의미하고
우주 속 미아가 되는 두려움을 가져다준다.

언어가 감옥이라 할지라도
언어가 주는 안전과 훈장처럼
우리 가슴에 새겨준 존재의 본질을
포기할 수 없다.

다만 언어의 구름 너머
잠깐 잠깐씩 비치는 하늘빛을
그리워할 뿐이다.

The Algorithm of Language

Can human beings
exist beyond
the algorithm of language?

The deconstruction of language
means exile from relationships,
bringing the fear of becoming
lost children in the universe.

Even if language is a prison,
we cannot abandon
the essence of existence
that language has engraved upon our hearts
like safety and medals of honor.

We can only long
for the glimpses of sky
that shine through, moment by moment,
beyond the clouds of language.

슬픈 행성

상징의 기호들이
누군가에는 움직일 수 없는 오래된 나무로
어떤 이에게는 흰 눈처럼 가볍게 스쳐 지나친다.

누군가는 입체의 세계 속에서
상징의 높이와 깊이를 온 감각으로 느끼며 살아가고
어떤 이는 평면의 세계 속에서
상징은 흩어지는 점들처럼 아득히 사라진다.

모두가 다른 세계를 살아가는 점들이다.
서로 다른 중력에 이끌려
맴돌고 있는 슬픈 행성들이다.

Sad Planets

Symbols and signs
become immovable ancient trees for some,
while brushing past others light as white snow.

Someone lives in a three-dimensional world,
feeling the height and depth of symbols with all their senses.
Another dwells in a flat world
where symbols fade distantly like scattered dots.

We are all dots living in different worlds,
sad planets
orbiting, drawn by different gravities.

의식의 빛

존재하는 유일한 것은
의식일까.

세계는 의식의 빛이
만든 홀로그램일까.

시간도 공간도 물질도
의식의 빛이 만들어낸 환상일까.

나는
아무것도 포착되지 않는
언어의 집 밖의 고요 속에
잠시 머물러 있다.

Light of Consciousness

Is consciousness
the only thing that exists?

Is the world a hologram
created by the light of consciousness?

Are time, space, and matter too
illusions created by the light of consciousness?

I remain for a moment
in the silence outside the house of language
where nothing can be grasped.

존재 그리고 세계

존재와 세계는 분리되지 않는다.

세계는 늘 존재의 빛 속에서만
빛깔로 드러난다.

존재의 빛이 만든
현란한 빛깔과 꿈속 표상들

존재의 빛 사라지면
빛깔들은 사라지고
세계는 다시 빛으로 가득 차리라.

Being and World

Being and world are not separate.

The world always reveals itself as colors only
within the light of being.

Dazzling colors and dream-images
created by the light of being.

When the light of being disappears,
colors will vanish
and the world will be filled with light again.

존재의 빛

스위치를 눌러서
컴퓨터를 켜는 것처럼

존재의 빛 발화하는 순간
세계가 열린다.

별보다 많은 세계가
존재의 빛 속에서
눈부시게 깜박인다.

너와 나
그리고 익명의 다수가
아무것도 말하지 않는 깜깜한 우주 속에
빛나는 별이 된다.

존재하는 모든 것이
세계이다.

세계가 곧 존재이다.

Light of Being

Like pressing a switch
to turn on a computer,

the moment the light of being ignites,
the world opens.

More worlds than stars
sparkle dazzlingly
within the light of being.

You and I
and the anonymous multitude
become shining stars
in the silent dark universe.

Everything that exists
is world.

World is being itself.

상징의 기호 2

상징의 기호들은
감정의 단층을 만들고

의식은 가공된 입체의 세계 속에 고립된다.
나의 공간은 나를 담았던 세계로부터 단절되고,

고장 난 시계처럼
나의 시간은 흔들리기만 하고
전진하지 못한다.

고립과 전진을 반복하는 일상들

별들이 우리에게 오기까지
우리가 별들에게 가기까지

넘실대는 시공간의 바다를 표류하는
빛들이 만드는 그림 하나

우리가 살아가는 세상은 아닐까.

Symbols and Signs 2

Symbols and signs
create layers of emotion.

Consciousness is isolated in a processed three-dimensional world.
My space is severed from the world that once contained me,

and like a broken clock,
my time only trembles
without moving forward.

Days that repeat isolation and advancement.

Until the stars come to us,
until we go to the stars,
a single painting made of lights
drifting on the undulating sea of spacetime—

isn't this the world
we live in?

중력

사랑하거나,
또는 미워하는 누군가를 중심으로
사람들은 궤도를 그리며 맴돌고 있다.

나의 시공간은 나도 알지 못하게 그를 향해 기울어져 있고.
그의 세계는 또 다른 누군가를 향해 기울어져 있다.

기울어져 있지 않다면
우리는 더 이상 여행을 하지 않을 것이고
세계는 더 이상 반짝이지 않을 것이다.

Gravity

Around someone we love or hate,
people orbit in their paths.

My spacetime tilts toward them
without my knowing, and their world tilts toward
yet another someone.

If we were not tilted,
we would no longer journey,
and the world would no longer
shimmer.

의지의 총체

사람은
그 무엇 하나로 말하지 않는다.

나무가 하나의 빛깔로 서 있지 않듯
사람도 헤아릴 수 없는 빛깔을 담고 있다.

내가 누구인지 말할 수 없는 것은
조금씩 다른 수많은 의지들이
내 속에서 순간 순간 발화하고 있기 때문이다.

별들이 모여 은하를 이루고
은하가 모여 은하단을 이루듯

수많은 의지의 빛들이 모여
나라는 찰나의 현상을 만들고,

나는 나를 담고 있는
또 다른 존재의 수많은 의지의 하나일지도 모른다.

The Totality of Will

A person
is not spoken by any single thing.

Just as a tree does not stand in one color,
a person too contains countless colors.

I cannot say who I am
because countless wills, each slightly different,
ignite within me moment by moment.

As stars gather to form galaxies
and galaxies gather to form galaxy clusters,

countless lights of will gather
to create the momentary phenomenon called me,

and I may be
one of the countless wills of another being
that contains me.

언어 너머

산이 있어 산을 오르는 것인지
내 의식이 산을 만들어 산을 오르는 것인지

네가 있어 네가 나의 세계로 걸어 들어온 것인지
내 의식이 너를 만든 것인지

세계 속 존재인지
존재 속 세계인지

언어는 답하지 못한다.

언어 너머, 견고했던 세계는
안개가 되어 사라지고
진동하는 파동만 남아 있다.

Beyond Language

Does the mountain exist, waiting to be climbed,
or does my consciousness conjure the mountain
only to ascend its imagined slopes?
Do you exist, birthing my world into being,
or does my awareness dream you
into this fragile reality?

Am I a being within the world,
or is the world contained
within my being?

Language cannot answer.
Beyond words, the solid world
I thought I knew
dissolves into mist,
leaving only vibrations,
only waves
rippling through the space where certainty
used to stand.

의지와 세계

의지가 강해지면
내가 사는 세계의 밀도가 높아진다.

공간은 축소되고
시간은 지연된다.

내 의지와 반하는 타자들이
진실되게 나타나, 나의 세계는
긴장된 풍선처럼 흔들린다.

타자의 눈빛 속에서
나의 존재성이 드러나고
그 향기와 빛깔은 강렬하게
타자의 숲속에서 피어오른다.

나의 의지의 스펙트럼이 만들어내는
강렬한 빛깔들 속에
나의 시공간은 조금씩, 왜곡된다.

의지가 강해지면
안개 낀 숲속에서
나의 빛깔을 담은 타자들이

진실되게 나타나고

나의 세계의 밀도는 높아진다.

Will and world

When will grows stronger,
the density of my world intensifies.

Space contracts
and time delays.

Others who oppose my will
appear truthfully, and my world
trembles like a taut balloon.

In the gaze of the other,
my existence is revealed,
and its fragrance and hues
bloom intensely
in the forest of the other.

Within the vivid colors
created by the spectrum of my will,
my spacetime slowly warps.

When will grows stronger,
in the mist-shrouded forest,

others bearing my colors
appear truthfully,

and the density of my world intensifies.

의지와 반의지

의지가 발화하면
반의지의 그림자가 동시에 출현한다.

의지의 빛은 결국 세계를 구현하지 못하고
추락하고 만다.

의지의 세계와 반의지의 세계는
다시 중첩되어 가보지 못한 숲속으로
물안개처럼 사라지고.

의지의 빛이 스치고 간 자리에
아픈 시간이 고여 있다.

Will and Counter-Will

When will speaks forth,
the shadow of counter-will appears at once.

The light of will fails, in the end,
to manifest the world
and falls.

The world of will and the world of counter-will
overlap once more, vanishing
like mist into an unvisited forest.

Where the light of will has brushed past,
painful time pools and lingers.

타자의 출현

불꽃이 하나의 빛깔로 타오르지 않듯
발화한 의지도
수많은 의지의 빛깔들로 분기된다.

내 의지의 스펙트럼 밖의 세계는
빛이 가 닿지 않는 곳
그곳엔 아무도 없다.

타자는 내 의지와 반의지 사이
어딘가에 분명히 있다.

The Emergence of the Other

Just as flame does not burn
in a single hue,
ignited will too
branches into countless colors of will.

The world beyond my will's spectrum
is a place where light cannot reach—
there, no one exists.

The Other surely exists
somewhere between my will
and counter-will.

자아

자아는 나의 감옥이다.

누구나 자기 앞에 펼쳐진
3차원의 공간 속에
막 도착한 시간을 충전하며
자기만의 세계를 구현한다.

세계는 밀폐되어 있고
열린 창문을 찾을 수 없다.

상징화된 사물과 사람
개별화된 정보의 기둥들이 만든 도시
알고리듬화 되어버린 생각과 언어

그 속에서 안전과 속박의
무게를 날마다 저울질하는
너 그리고 나.

The Self as Prison

The self that is me is my prison.

Everyone charges the newly arrived time
into the three-dimensional space
spread before them,
constructing their own world.

The world is sealed.
No open window can be found.

Symbolized objects and people—
a city built of pillars
of individualized information.
Thoughts and language
algorithmatized beyond recognition.
Within this, you and I
weigh daily the burden
of safety and bondage.

기억의 무늬

개별 의지는 보편 의지의 바다에서
솟아오른 파도의 포말
반짝이는 한 방울 시공간

포말은 기억을 안고 다시 바다로 돌아가고
바다는 기억의 파편들을 저장한다.

기억들은 소멸되지 않고
바다의 무늬가 되고 온도가 된다.

Memory's patterns

Individual will is seafoam
from waves that rise
in the ocean of universal will—
a glistening droplet of spacetime.

The foam carries memory
as it returns to the sea,
and the sea stores
fragments of remembrance.

Memories do not vanish
but become the ocean's patterns,
become its temperature.

한 방울 기억

한 방울 시공간의 기억이
우주 속으로 스며들었다.

작은 파동이 물보라가 되어
하염없이 퍼져 나가고

나는 눈물 한 방울이 되어
비 오는 호숫가에
고이고 있다.

-아버지를 추모하며

A Drop of Memory

A drop of spacetime's memory
seeped into the universe.

A small ripple becomes a spray of water,
endlessly spreading outward,

and I become a single tear
pooling by the rain-soaked lake.

-In Memory of Father

기억의 공백

기억의 절벽에서
존재는 여백이 된다.
아무것도 비추어지지 않는 거울에서
모든 것은 바람이 되고 하늘빛에 녹아드는 구름이 된다.

기억이 비어 버린 사람
존재는 사라지고
유년의 한여름 오전
창을 가득 메웠던
찬연했던 빛만 남는다.

잠들지 않는 시간
기억의 다리 끊어진 강을 바라보며
엄습해 오는 존재의 불안

기억의 절벽 앞에서
하얀 미소를 띠고
맑은 눈으로, 여백을 응시하고 있다.

Void of Memory

At the cliff of memory,
being becomes blank space.
In a mirror that reflects nothing,
everything becomes wind and clouds dissolving
into the sky's color.

A person whose memory has emptied.
Being disappears,
leaving only the brilliant light
that filled the window
on a midsummer noon of childhood.

Sleepless time.
Gazing at the river where memory's bridge is broken,
the anxiety of being comes creeping.

Before the cliff of memory,
wearing a white smile,
with clear eyes, gazing at the void.

존재와 세계

우리는 세계 속에 존재하는 것도
세계 밖에서 세계를 경험하는 것도 아니다.

존재는 세계를 열고
세계는 존재를 비추고 있다.

존재 없는 세계와
세계 없는 존재는 존재하지 않는다.

Being and World

We neither exist within the world
nor experience the world from outside it.

Being opens the world
and the world illuminates being.

A world without being
and being without world do not exist.

기억의 순환

서로 다른 기억의 물방울들이
보편의 바다로 빗방울이 되어 스며들면
작은 물보라가 인다.

우리가 살아왔던 조금씩 다른 빛깔과 온도의
시공간의 기억은
상징의 옷을 벗고, 우리가 알 수 없는 다른 언어로
환원되어
바닷속으로 사라진다.

그리고
어느 순간
너의 생각 속으로 스며들어
네가 사는 세계의 빛깔이 되고 온도가 된다.

Circulation of Memory

When drops of different memories
seep into the universal sea as raindrops,
small splashes rise.

The memories of spacetime
with slightly different colors and temperatures
that we have lived through
shed their symbolic clothing, are reduced to
another language we cannot know,
and disappear into the sea.

And then
at some moment,
they seep into your thoughts
and become the colors and temperature of the
world you live in.

에필로그

시의 언어는 열려 있고 보는 각도에 따라서
다른 빛을 내도록 장치화되어 있다.
그래서 시는 프리즘을 지나가기 전 긴장된 빛과 같으며
프리즘 너머의 수많은 빛깔들은 독자들의 몫이다.

존재와 세계

초판 1쇄 발행일 2025년 12월 17일

지은이 박노혁
펴낸이 곽혜란
편집장 김명희
디자인 김지희

도서출판 문학바탕
주소 (07333) 서울시 영등포구 여의대방로 379 제일빌딩 704호
전화 02)545-6792
팩스 02)420-6795
출판등록 2004년 6월 1일 제 2-3991호

ISBN 979-11-93802-27-4 (03810)
정가 16,000원

* 이 책의 저작권은 저자에게 있으며 이 책의 전부 또는 일부를 이용하시려면 저작권자의 서면동의를 받아야 합니다.
* 이 책은 국립중앙도서관, 국회도서관 홈페이지에서 검색 가능합니다.
* 문학바탕, 필미디어는 (주)미디어바탕의 출판브랜드입니다.